画说语文

—— 唐代篇 ——

窦昕 主编

北京理工大学出版社
BEIJING INSTITUTE OF TECHNOLOGY PRESS

图书在版编目(CIP)数据

画说语文.唐代篇/窦昕主编.—北京:北京理工大学出版社,2021.1

ISBN 978－7－5682－9314－3

Ⅰ.①画… Ⅱ.①窦… Ⅲ.①古典诗歌－中国 小学－课外读物 Ⅳ.① G624.203

中国版本图书馆 CIP 数据核字(2020)第 244246 号

出版发行 / 北京理工大学出版社有限责任公司
社   址 / 北京市海淀区中关村南大街 5 号
邮   编 / 100081
电   话 / (010)68914775(总编室)
         (010)82562903(教材售后服务热线)
         (010)68948351(其他图书服务热线)
网   址 / http://www.bitpress.com.cn
经   销 / 全国各地新华书店
印   刷 / 天津盛辉印刷有限公司
开   本 / 889 毫米 ×1194 毫米   1/16
印   张 / 4.25   责任编辑 / 李慧智
字   数 / 24 千字   文案编辑 / 李慧智
版   次 / 2021 年 1 月第 1 版   2021 年 1 月第 1 次印刷   责任校对 / 刘亚男
定   价 / 39.80 元   责任印制 / 施胜娟

主编

◈ 窦昕 ◈

　　毕业于北京师范大学文学院，大语文理念的创立与实践者，A股上市公司豆神教育集团（原立思辰集团）总裁。著有《乐死人的文学史》《语文必修课》《写作必修课》《阅读必修课》《大语文必修课》《文学必修课》《语文统编教材精解》《中文必修课》《有意思的大语文》《直通京城名校——小升初语文一本通》《思泉语文课本》等系列丛书。

　　豆神教育集团旗下的品牌有豆神大语文、豆神网校、康邦科技、百年英才等。豆神大语文是中国语文产品服务商，拥有k12教育培训市场内的各类语文产品，并涉足影视、出版、游戏化教育等领域。豆神大语文拥有超过370个教学中心，已覆盖全国31个省市，并已在海外，如温哥华、硅谷等地建立大语文分校。

教育成就

豆神大语文创始人

大语文教育体系开创者

北京市海淀区优秀教育工作者

"桃李杯"北京市优秀教育工作者

首届新浪教育五星金牌教师

豆神网校爆款课程"窦神归来"第一季、第二季主讲

喜马拉雅系列节目《窦神来了：经典文言文精讲》主讲

中国传媒大学客座教授

北京师范大学未来青少年文学文化公益计划发起人

中央人民广播电台《成语好逗》节目主讲

著作

《乐死人的文学史》

《语文必修课》

《写作必修课》

《阅读必修课》

《大语文必修课》

《文学必修课》

《语文统编教材精解》

《中文必修课》

《有意思的大语文》

《直通京城名校——小升初语文一本通》

《思泉语文课本》

◇ 编委会 ◇

主　编：

窦　昕

执行主编：

赵伯奇　张国庆

豆神大语文名师编审委员会：

窦　昕　赵伯奇　朱雅特　张国庆　杨宏业　魏梦琦　许　龙　殷程其

编　者：

陆　尧　陆嘉炜　朱婷婷　王　璐　罗　舒

美术设计：

庄曦璇　张嗣圣　褚　琼　张圆惠

序言

光荣与梦想——"大语文"系列丛书总序

穿过一丛金色的墨西哥橘，六岁的小红豆头戴粉盔，骑着一辆有辅助轮的浅粉色自行车前行。在她身后跟着三岁的小青豆，蓝色背心、蓝色头盔，滑动着一辆海军蓝滑板车。

在这个温哥华的浅蓝清晨，我望着女儿小红豆和儿子小青豆的背影，捏紧了久违的轻快心情。此刻我的另一个儿子在太平洋彼岸舒展着拳脚，已经名扬神州、纵横四海，他就是十二岁的——大语文。

那一年际遇喜人，没落的大宋皇裔赵伯奇当时正是北大游泳队队长，俊美倜傥的郭华粹正要从不列颠返回国内，文坛世家陈思正将从哈佛启程，卸任了校学生会主席的朱雅特正要入住北大教育系设在万柳的高级学生公寓，而本书的主要执笔人——我表弟张国庆，也正在收拾行囊欲来北京助我成就大事……那一年的我们，大多毕业于北大、北师大的中文系，本有着大不相同的人生规划，却因为我许下了五个耀眼的愿望，如埋下一粒豆子作为种子，让我们相聚在一起，簇拥着走出了同一条人生轨迹。

那一年，种瓜得瓜，种豆得神——神奇的大语文诞生。

五个愿望：一愿我们投身于校外教育，把语文课变得有意思；二愿将大语文课程商业化，以丰厚的回报让大语文家庭过上富足而体面的生活，同时也让更多北漂的卓越人才敢于加入大语文战队；三愿大语文课程走向全国，使更多孩子受益；四愿大语文课程进入学校，深度补充和影响校内语文教育；五愿大语文走向世界，吸引更多华裔或其他学习者，使其对中国文学文化乃至世界文学文化产生较浓兴趣。

这是多么光荣的梦想。在被商业繁荣笼罩着的华彩世界里，我们愿意燃烧年轻的生命，去照亮大语文，或是做烛去点亮大语文。

十二年后，当我们作为一家颇具潜力的上市公司被广泛关注时，回首过往，原打算用一生去交换的五个愿望竟开始一一实现，我竟然慢慢冷却了心头的欢喜。我对队伍说，我开始不甘心只为一时而绽放，我想留下些许我们的代表作，让这些被汗水、泪水浸泡着的奋斗产生的价值能够长久留存。

那么，什么才能做到长久留存？战国时期最伟大的弩机大师也随着弩的入土而不闻于世，而孟子的浩然之气、庄子的逍遥自由却总让千年后的人们神往。历代精美的琉璃制品、珍珠黄金、烟土枪械、米铺碾坊，都随大江东去；罗摩与神猴、罗密欧与朱丽叶、《西游记》与《水浒传》、雨果与左拉、马克·吐温与杰克·伦敦却百年千年流传。

锐意进取、诚信无欺，精良的产品方可以建立百年老店。

回归率真、淡泊功利，生动的文化才能够成就千载流传。

放下商业思维，忘记市场需求、获客成本等并无长久意义的盘算，回到我们出发时的初衷：我们为何而来，我们欲往何处？我们只想要做能够千载流传的好东西。

于是在大语文这个儿子步入青春期之时，我们有了新的憧憬，可以命名为"新五大梦想"：第一，完成整套大语文系列丛书的出版，囊括校内学习、文学文化、写作技巧、课外阅读、非母语者的汉语学习等诸多内容，为语文教育和中国文学文化推广普及做出些微贡献。第二，以教育的视角，制作一部部精良的动漫剧集或真人影视剧，使千年来文学文化史上的关键信息和核心内容得以"大河小说"一般的记录。第三，以教育的视角，建立一个个还原各朝代、各国家的互动式文化体验馆，以浸入式话剧及其他高科技交互方式使孩子们能够身临其境地体验到大语文课本中所讲述的各个时空场景。第四，研发一系列语文学科的人工智能学习工具，使学生在学语文时遇到的绝大多数问题能够低成本、高精度地解决。第五，牵头制定一项标准，该项标准能将所有汉语使用者（包括母语学习者、华裔非母语学习者、其他族裔非母语学习者、使用汉语的计算机软件）的汉语水平（尤其是对汉语背后的文化认知水平）在同一体系内进行评价。

又是一粒愿望的豆子种下去，遥望，又是数十年。不知又一个或几个十二年之后，我们这个队伍能否将"新五大梦想"一一实现。有了"回归率真、淡泊功利，生动的文化才能够成就千载流传"这样的"大语文精神"，我也衷心希望大语文团队能够永秉对语文教育的赤诚之心，将这星星之火种永传下去，不论熊熊烈焰或微弱火苗，皆然。

所幸，多年前我的几位学生，也已陆续加入了大语文战队，看来当年埋在他们少年时代的梦想种子已经发芽。种瓜得瓜，种豆得神。

小红豆喜欢绘画，她说她要和我合作画一本绘本，"会赚很多钱，然后送给你。"她说。我问："爸爸平时也不花钱，要那么多钱做什么呢？"小红豆一笑嫣然，她说："你可以用来做更多的书啊！"

这真是种豆得神了。

窦昕

2019年8月于温哥华

前言

从2017年9月新学年开学起，中小学语文教材有所改变，统一使用"部编版"语文教材。该教材重视大家之作，涵盖范围更广，主张人文主题的渗透和语文素养的提升，对语文基础教育的广度和深度提出了更高要求。在孩子的学习阶段，优秀的文学作品能够为其日后的阅读、写作乃至个人成长奠定良好的基础。文学作品中的真、善、美渗透到孩子的心里去，也会慢慢影响一个人的内涵与气质，使之更谦逊、更从容。那么，找到最恰当且令人印象深刻的方式，向孩子展现文学、历史、地理的图卷，就成了重要的课题。因此，本套丛书将结合"大数据"研究前沿技术与理论，以"部编版"小学全年级语文教材基本内容为纲，通过对海量数据进行分析，在知识表现、可视化等方面大展拳脚，首次将小学语文中的古诗词与地图路线、历史传说、名人故事、风俗文化等多方面知识相融合，通过一张张大数据图表、一幅幅或优美或爆笑的漫画，引经据典，情景对应，帮助孩子更深入地了解文学作品及其蕴含的历史和地理知识，使其在搜集、整理、分析信息的过程中认识世界、发展思维、形成能力、获得审美体验，进而拓宽孩子的多学科知识面，为之后的学习打好基础、练好基本功。

目录

唐朝概况

Part 1 疆域地图

"大唐到底有多大？"

唐朝巅峰时期的总面积约1076万平方公里①，位列元、清之后，是中国历史上疆域面积第三大的朝代。

到了晚唐，疆域就只剩下这么一丢丢了……

初唐

晚唐

盛唐

---

① 宋岩.中国历史上几个朝代的疆域面积估算[J].史学理论研究，1994(3)：149-150.

历代疆域面积

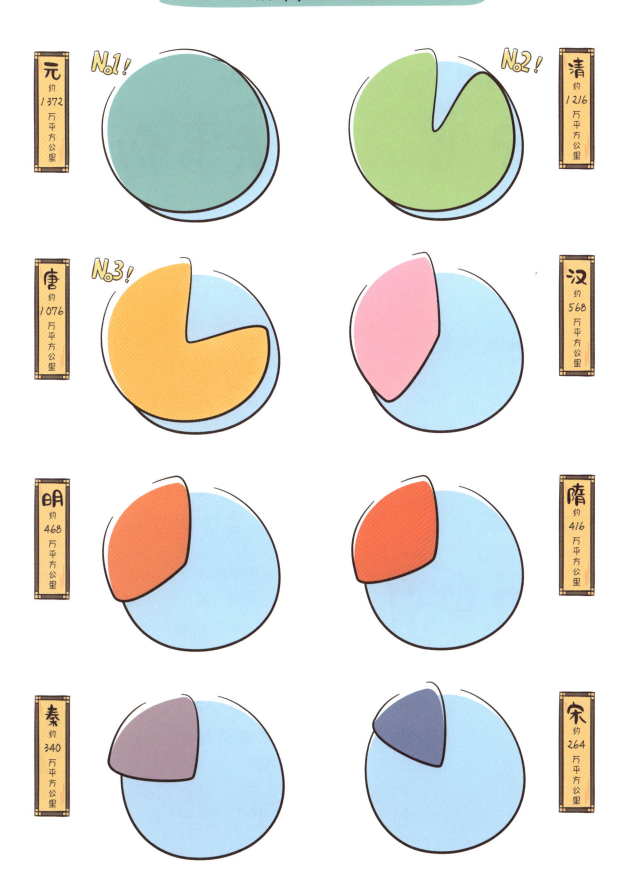

元 约 1372 万平方公里 №1!

清 约 1216 万平方公里 №2!

唐 约 1076 万平方公里 №3!

汉 约 568 万平方公里

明 约 468 万平方公里

隋 约 416 万平方公里

秦 约 340 万平方公里

宋 约 264 万平方公里

Part 2 唐朝风云 "历史大事件"

公元627—649年
◇ 贞观之治 ◇

太宗执政的贞观年间，政治清明，经济发达，社会安定，史称"贞观之治"。

公元713—741年
◇ 开元盛世 ◇

玄宗执政的开元年间，国力空前强盛，社会经济空前繁荣，史称"开元盛世"。

公元755—763年
◇ 安史之乱 ◇

玄宗末年，边将安禄山和部将史思明起兵叛乱，史称"安史之乱"，唐朝的气象从此由盛转衰。

公元878—884年
◇ 黄巢起义 ◇

唐朝末年，政治腐败，民不聊生，民众纷纷起义，黄巢起义是影响最深远的一场农民起义，导致唐朝国力大衰。

◇ —— 公元907年 灭亡 —— ◇

Part 3

帝王谱系 "哪位皇帝在位长?" ①

№.2

唐朝先后有21位皇帝,其皇帝数量在中国古代所有朝代中排第二。

历代王朝统治时长

秦 15年	隋 37年	元 97年	清&明 都是276年	唐 289年	宋 319年	汉 410年

历代王朝皇帝数量②

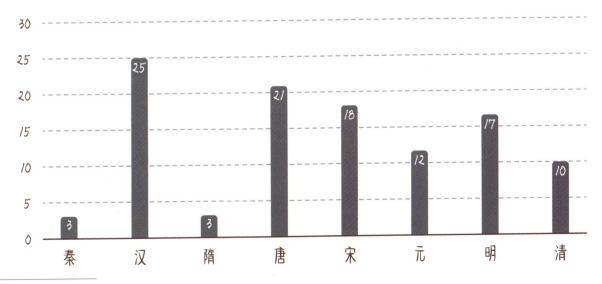

朝代	皇帝数量
秦	3
汉	25
隋	3
唐	21
宋	18
元	12
明	17
清	10

①欧阳修,宋祁.新唐书[M].北京:中华书局,1975.
②邹元初.中国皇帝[M].北京:华文出版社,2007.

阅读顺序从上至下

1 高祖李渊
★★★★★★★
★★★★★★

2 太宗李世民
★★★★★★★
★★★★★★

3 高宗李治
★★★★★★★
★★★★★

4 武后武曌(zhào)
★★★★★★★
★★★★★

5 中宗李显
★★★★★★★
★★★★

6 睿宗李旦
★★★★★★★
★★★★

7 玄宗李隆基
★★★★★★★
★★★

8 肃宗李亨
★★★★★★★
★★

9 代宗李豫
★★★★★★★
★

10 德宗李适
★★★★★★★

11 顺宗李诵
★★★★★★

★ : 星星越少辈分越低。

12 宪宗 李纯
★★★★★

13 穆宗 李恒
★★★★

14 敬宗 李湛
★★★

15 文宗 李昂
★★★

16 武宗 李炎
★★★

17 宣宗 李忱
★★★★

18 懿宗 李漼 (cuǐ)
★★★

19 僖宗 李儇 (xuān)
★★

20 昭宗 李晔
★★

21 哀帝 李柷 (chù)
★

阅读顺序从上至下

两枚"六位帝皇丸"

中宗李显，除了他自己，他的父亲高宗李治、母亲武后武曌(zhào)、弟弟睿宗李旦、儿子殇帝李重茂①、侄子玄宗李隆基也都是皇帝；睿宗李旦也是如此，他的父亲、母亲、哥哥、侄子、儿子都是皇帝，所以二人被称为"六位帝皇丸"。

666

①仅在位 17 天，故未体现在图表中。

唐朝文学概况①

唐朝国力的强盛、疆域的辽阔和政治的安定也给经济上的繁荣和文化上的百花齐放奠定了基础。近三百年风云变幻的历史、波澜壮阔的文学诗篇，正是在这样广袤的土地上展开。

韩愈

柳宗元

这个时期，既出现了在韩愈、柳宗元的带领下开展的轰轰烈烈的古文运动，将散文的发展推进到了一个新的阶段，使散文代替骈文成为文坛的主流文体；又出现了在六朝志怪和杂史、杂传的基础上发展而来的传奇小说，标志着我国文言小说的成熟；甚至还出现了"词""话本"等新型文体。

当然，最辉煌夺目的文学成就还数"诗歌"，正如闻一多所说："一般人爱说唐诗，我却要讲'诗唐'。诗唐者，诗的唐朝也。"②

---

①本节数据统计文本来自：周勋初，傅璇琮，郁贤皓，等. 全唐五代诗[M].西安：陕西人民出版社，2014. 分词及词性标注工具综合参考了清华大学NLP实验室（http://thulac.thunlp.org/）提供的分词工具THULAC，及"搜韵-诗词门户网站"对诗歌中意象的分类。
②闻一多. 闻一多选唐诗[M]. 长沙：岳麓书社，1986.

Part 1 诗歌的国度

说起诗歌，不能不提唐诗，唐朝就是诗歌的国度。那么，是不是唐朝的诗歌数量最多呢？其实不然，要论数量，唐朝的诗歌在历朝历代中只能排在第五位，诗人数量也并不是最多的。

历代诗词数量与作者人数

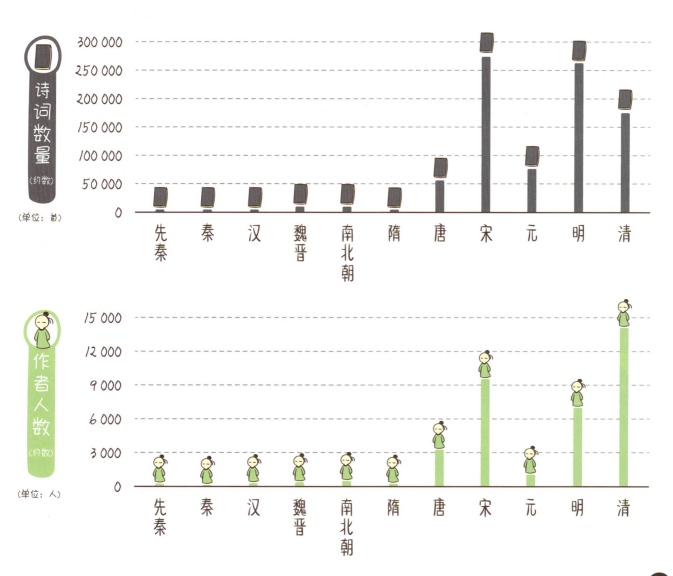

那么，唐诗为什么能得到后人的推崇呢？因为判断一个朝代的诗歌水平，不能单看数量，更要看**艺术上的成就**。

王国维提出"一代有一代之文学"，他认为唐朝的代表性文学就是"诗"。他之所以把"诗"看作唐朝的代表性文学，很大程度上就是因为唐诗的艺术成就登峰造极。

唐诗集汉魏六朝以来诗歌之大成，既有李白、杜甫和王维这样的诗坛巨擘，又涌现出众多审美倾向不同的流派，各流派都有成就斐然的诗歌大家，在艺术上所达到的高度是前无古人，后无来者的。

诗坛巨擘

如严羽在《沧浪诗话》中所言："盛唐诸人惟在兴趣，羚羊挂角，无迹可求。故其妙处，透彻玲珑，不可凑泊，如空中之音，相中之色，水中之月，镜中之象，言有尽而意无穷。"也就是说，盛唐的那些诗人，创作诗歌重视的是兴趣，而不是咬文嚼字、刻意拼凑，他们作品的美妙之处也正在于此：行文不着痕迹而又含义深刻，意味无穷。

《全唐诗》收录各阶段作品的数量比例

诗分四唐：初唐、盛唐、中唐、晚唐。各个时代的作品数量也不一样。

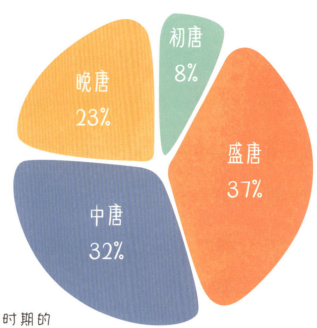

用诗歌数量除以年数，可以得出每个时期的"诗歌密度"：

初唐诗歌密度 ≈ 4 000 首 ÷ 94 年 ≈ 43 首/年
盛唐诗歌密度 ≈ 18 000 首 ÷ 50 年 ≈ 360 首/年
中唐诗歌密度 ≈ 16 000 首 ÷ 65 年 ≈ 246 首/年
晚唐诗歌密度 ≈ 12 000 首 ÷ 80 年 ≈ 150 首/年

1 🌸 = 400 首

可以看出，盛唐时间最短，但诗歌最多；初唐时间虽然最长，但诗歌数量最少。充分证明了盛唐时期诗人的创造力之强，这也与我们"诗必盛唐"的直观感受一致。

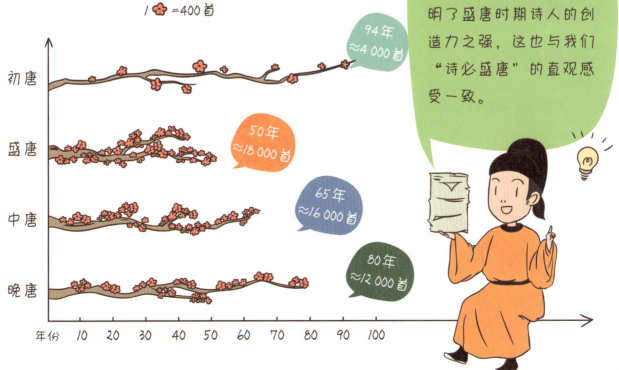

Part 2
谁写的诗最多？

清朝康熙四十四年（1705年）曹寅（曹雪芹祖父）奉旨刊刻的《全唐诗》总共收录诗歌约42 975首，不成篇的诗句约1 555条，作者约2 609人。那么，这么多诗歌，这么多诗人，哪位诗人写的诗最多呢？

唐朝诗人创作力 TOP 10

白居易 ≈2 643首
杜甫 ≈1 151首
李白 ≈897首
齐己 ≈783首
刘禹锡 ≈727首
元稹 ≈593首
李商隐 ≈555首
贯休 ≈553首
韦应物 ≈551首
陆龟蒙 ≈521首

长寿

高产作者大赏
白居易

白居易位居榜首！他一生写了约2 643首诗，比李白和杜甫写的诗加起来还要多哦！不过，白居易活了74岁，在当时可谓高寿，而李白只活了61岁，杜甫只活了58岁，或许寿命的长短与诗作的数量是成正比的？

唐朝人对诗歌的热爱和推崇到了什么程度呢？就连皇帝也热衷于写诗，超过半数的皇帝有诗作入选《全唐诗》。那么哪位皇帝的诗作最多呢？是不是越长寿的皇帝作品越多呢？

Part 3

皇帝也写诗？

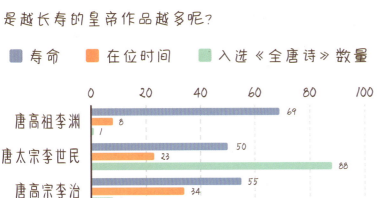

■ 寿命　■ 在位时间　■ 入选《全唐诗》数量

皇帝	寿命	在位时间	入选《全唐诗》数量
唐高祖李渊	69	8	1
唐太宗李世民	50	23	88
唐高宗李治	55	34	8
唐中宗李显	54	5	7
唐睿宗李旦	54	8	1
武后武曌	81	15	13
唐玄宗李隆基	77	44	64
唐肃宗李亨	51	6	2
唐代宗李豫	52	17	0
唐德宗李适	63	26	15
唐顺宗李诵	45	1	0
唐宪宗李纯	42	15	0
唐穆宗李恒	29	4	0
唐敬宗李湛	17	2	0
唐文宗李昂	31	14	6
唐武宗李炎	32	6	0
唐宣宗李忱	49	13	7
唐懿宗李漼	40	14	0
唐僖宗李儇	26	14	0
唐昭宗李晔	37	16	1
唐哀帝李柷	16	3	0

看来，并不是活的时间越长，写的诗就越多。唐太宗李世民入选《全唐诗》的诗作数量位居榜首，唐玄宗李隆基紧随其后，这两位引领盛世的皇帝也是文坛上的明星。位列第3、第4位的分别是中唐时期的唐德宗李适和武后武曌（历史上唯一的女皇帝）。

唐朝皇帝之最你知道吗？

即位年龄最大的皇帝：
武则天（67岁）
寿命最长的皇帝：
武则天（81岁）
在位时间最长的皇帝：
玄宗李隆基（44年）

Part 4

唐诗里最喜欢写点儿啥？

About 字

《全唐诗》中什么字用得最多？《全唐诗》共3 688 473字，涉及文字7 516个，去掉虚词之后，高频字TOP 99如云图所示。其中用得最多的是"人"字。

№.1!

人

№.2!

山

№.3!

风

《全唐诗》中高频字TOP 99云图

如下表和下图所示，代表大唐气象的唐诗是以"思""悲"这类情绪为主流。

唐诗中的"七情"

😑	思：思、忆、怀、恨、吟、逢、期……	出现次数≈27 495
😢	悲：愁、恸、痛、寡、哀、伤、嗟……	出现次数≈11 206
😄	喜：喜、健、倩、贺、好、良、善……	出现次数≈9 060
😊	乐：悦、欣、乐、怡、洽、畅、愉……	出现次数≈4 626
😟	忧：恤、忧、疴(kē)、虑、艰、遑、厄……	出现次数≈3 247
😠	怒：怒、雷、吼、霆、霹、猛、轰……	出现次数≈1 939
😨	惧：谗、谤、患、罪、诈、惧、诬……	出现次数≈1 031

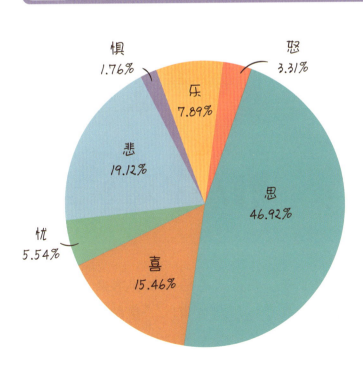

惧 1.76%　　怒 3.31%
乐 7.89%
悲 19.12%
忧 5.54%
喜 15.46%
思 46.92%

《全唐诗》中什么颜色用得最多？古代以"青、黄、赤、白、黑"五色为正色。统计得出，《全唐诗》中出现次数最多的是"白"色系颜色词。

青
青、碧、翠、绿、苍、缥、蓝

7个相关词
出现约23 841次

赤
红、霞、铜、缙、绯、绀、朱、丹、彤、茜、赤、赫、紫、糖(xì)、绛、纁(xūn)、赭、赪(chēng)

18个相关词
出现约18 634次

黄
黄、金、缃(xiāng)

3个相关词
出现约14 244次

白
白、素、银、纨、缟(gǎo)、玉、雪、霜、鹤、皎、皤(pó)、皑、皓、颢、粉

15个相关词
出现约39 280次

黑
黑、幽、黝、炱(tái)、焦、黩、灰、玄、缁(zī)、淄、黎、乌、鸦、骊、黳(yī)、黛、漆、皂、黵(dǎn)、黟(yī)、黰(zhěn)、黔、墨

23个相关词
出现约10 046次

《全唐诗》中对哪个季节描写得最多？

统计"春""夏/暑""秋""冬"这4个季节在《全唐诗》中出现的频次，"春"字位列榜首，"秋"字排在第2位，"夏/暑"和"冬"出现的频次要比"春""秋"少太多。

约15 674次

约11 583次

约1 915次

约843次

这是因为中国古典诗词中向来有"伤春悲秋"的文学传统。文人们在春天感悟青春的逝去，在秋天感悟人生的凄凉。

在商代和西周前期，一年只分为春、秋两个季节，后代也常以"春秋"作为一年的代称，这样的代称是约定俗成的，因此这两个字的使用频率很高也就不足为奇了。

《全唐诗》中对什么植物描写得最多？中国文学自《诗经》开始，就与自然界的花草树木结下了不解之缘。唐诗中的花草树木，更是种类繁多。据统计，《全唐诗》共涉及植物种类约187种，涉及诗句约40 171句！

《全唐诗》中的十大植物意象

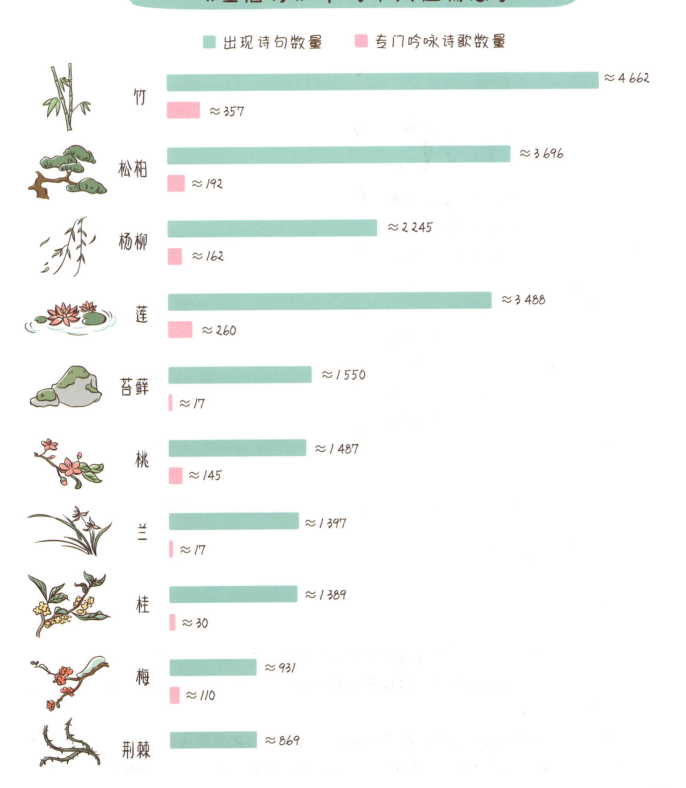

■ 出现诗句数量　■ 专门吟咏诗歌数量

植物	出现诗句数量	专门吟咏诗歌数量
竹	≈4 662	≈357
松柏	≈3 696	≈192
杨柳	≈2 245	≈162
莲	≈3 488	≈260
苔藓	≈1 550	≈17
桃	≈1 487	≈145
兰	≈1 397	≈17
桂	≈1 389	≈30
梅	≈931	≈110
荆棘	≈869	

17

About
动物

《全唐诗》中对什么动物描写得最多？唐诗中的动物意象，同样丰富多彩。

《全唐诗》中的十大动物意象

出现最多的
动物意象
是"马"。

马	≈876
鱼	≈742
龙	≈737
鹤	≈594
雁	≈558
鸡	≈377
凤	≈369
猿	≈367
虎	≈311
莺	≈298

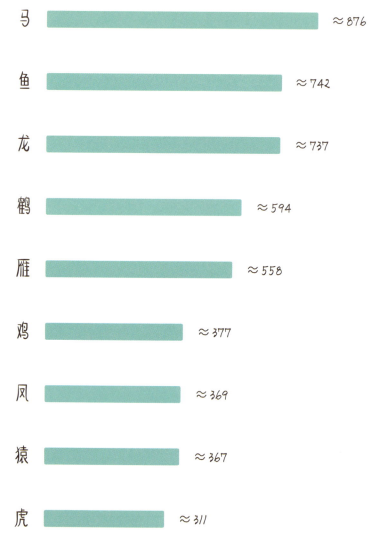

古代的马主要用在交通运输和战争中，具有很高的经济价值，在历史上起到了非常重要的作用，一直到工业革命时期蒸汽机出现以前，马都是主要的拉车动力。

"骏马""良驹"可以用来比喻人才，也常在诗歌中被使用。

诗歌中出现如此之多的马和龙的意象，看来唐朝人也很崇尚"龙马精神"哟！

最常出现的鸟类
不是凤凰，
而是"鹤"。

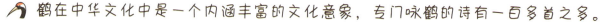

鹤在中华文化中是一个内涵丰富的文化意象，专门咏鹤的诗有一百多首之多。

鹤作为展翅翱翔的大鸟，具有充沛的生命力量，在诗歌中展现了诗人的自由生命情志和生命激情。

鹤是长寿和哀悼的象征，从中可以得见诗人的生命价值观。

鹤是道教的文化符号，常作为引发仙道联想的物象，同时也是求仙问道的代名词。

唐朝女人那些事儿①

Part 1

白居易：
为啥我就得穿
惨绿色官服？
我又不是螳螂……

公元816年的秋天，被贬官到江州的白居易偶遇了一位孤苦的琵琶女，听了她的演奏，深感同病相怜，于是写下了名篇《琵琶行》。

琵琶行（节选）

白居易

凄凄不似向前声，
满座重闻皆掩泣。
座中泣下谁最多？
江州司马青衫湿。

---

①本节数据统计文本来自：周勋初，傅璇琮，郁贤皓，等. 全唐五代诗[M]. 西安：陕西人民出版社，2014. 分词及词性标注工具综合参考了清华大学 NLP 实验室（http://thulac.thunlp.org/）提供的分词工具THULAC，及"搜韵—诗词门户网站"对诗歌中意象的分类。

青衫是什么？是青色的衣服吗？那么，白居易为什么要穿这个颜色的衣服呢？原来啊，这和唐朝的官制有关。唐朝的中央官制为三省六部制，如下图所示。

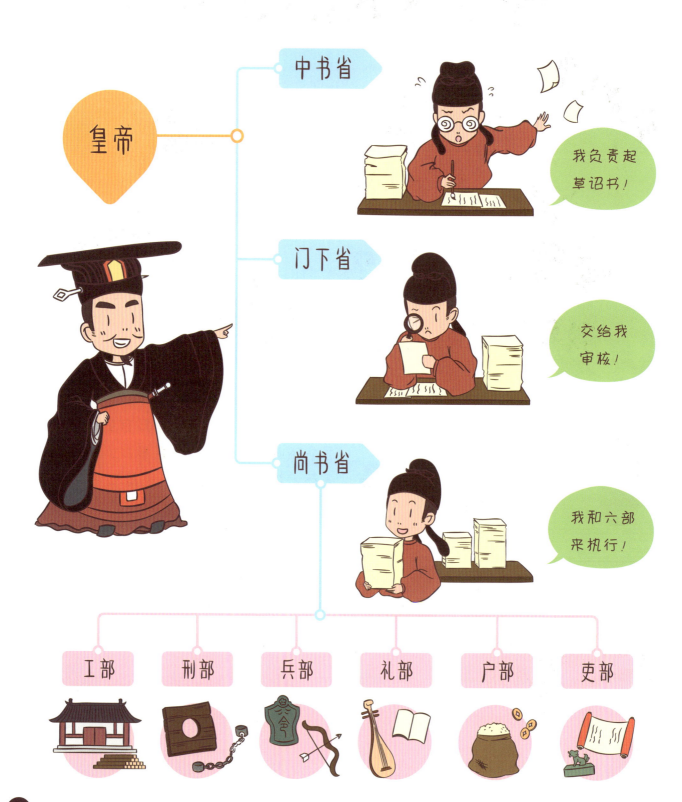

唐朝的三省六部制

三省分立的制度使得一人之下的"相权"被分成了三部分，分别掌管对诏令的制定、审核和执行。三省长官都是宰相，这种多人同时担任宰相的制度，叫**群相制**。因此唐朝的宰相共有五百余位。

此外，唐朝官职分为九品，但我们所熟知的"一人之下，万人之上"的宰相只是三品官，而且还有一大群！那么一品、二品是谁呢？原来，在唐朝，一品、二品是荣誉称号，没有实权。

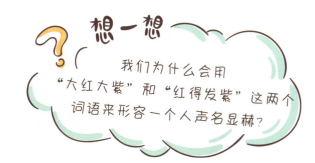

想一想

我们为什么会用"大红大紫"和"红得发紫"这两个词语来形容一个人声名显赫？

五品及以上

三品及以上

一、二品：荣誉官衔
太师、太傅、太保

李绅、张九龄当过宰相。

三、四、五品：高级官员
尚书——三省长官，即宰相
郎中——六部负责人，相当于中央部长
刺史——地方负责人，相当于市长

六品及以下

陈子昂、杜甫做过拾遗，被称为陈拾遗、杜拾遗。

六、七、八品：中级官员
监察御史——监察职责
拾遗、补阙——给皇帝挑错进谏

白居易、孟郊、李商隐都做过校书郎或县尉。

九品：低级官员
校书郎、正字——整理、校勘图书
县尉——负责一县的治安、征收赋税等杂务

在唐朝，不同品级的官员须着不同颜色的官服，这是严格规定。

三品及以上的高级官员着紫色官服，五品及以上的中级官员着红色官服，六品及以下的低级官员只能穿青色官服。被贬谪江州是白居易一生的转折点，他当时被贬为江州司马，是六品官，所以他所穿的官服颜色只能是最低级的青色。

Part 2

为博眼球砸掉百万名琴？
陈子昂：在唐朝做官几年能回本？

啊~

登幽州台歌
陈子昂
前不见古人，
后不见来者。
念天地之悠悠，
独怆然而涕下！

这首诗的作者陈子昂，曾经为吸引达官贵人的注意，砸掉价值百万钱的名琴，以求得到被大人物举荐当官的机会。当官就这么好吗？为了当官居然能把价值百万钱的名琴都给砸掉？

那么，唐朝官员的收入到底有多少呢？唐朝官员的年薪由四部分——禄米、职田、力课和月俸组成，其中只有月俸是发钱哦。

如果把官员们一年的收入都折算成以石（dàn）为单位的大米，会有多少呢？[①]

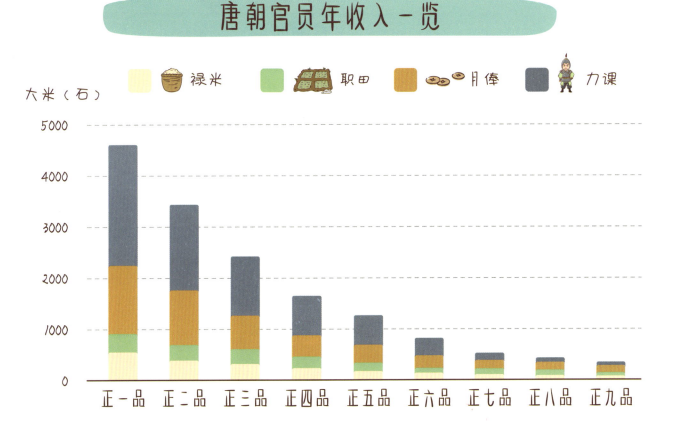

唐朝官员年收入一览

来公布答案啦！唐朝的1石约等于85斤，一品官员年入约40万斤大米，按现在有些地方5元一斤的米价计算，相当于年薪200万元，九品官员年入约3万斤大米，相当于年薪15万元。陈子昂24岁中进士后，当了右拾遗，属于正八品官员，年收入折算成今天的人民币大约有20万元。而那把被他砸掉的名琴，价值百万钱，按初唐时的购买力，百万钱约为百万元人民币。陈子昂做官5年，收入便可抵消这把琴的损失。

①森林鹿. 唐朝穿越指南[M]. 北京：北京联合出版公司，2017.

Part 3 46岁的老进士孟郊：为啥唐朝科举这么难？[①②]

孟郊早年漂泊无依，直到46岁才考中进士。在唐朝，进士真有这么难考吗？

答案：真的。

唐朝科举的难，首先体现在要获得考试资格就很不容易。如果你能在唐朝的最高学府——国子监读书，毕业就可以直接参加科举考试，不过这入学门槛可不低。国子监包括六个分院，分别是国子学、太学、四门学、律学、书学、算学。六院分为两类，可以理解成现在的学历教育和专科教育，专科教育致力于培养专业人才，不能做大官，只有走学历教育的路子才可能在未来通过科举做上大官。

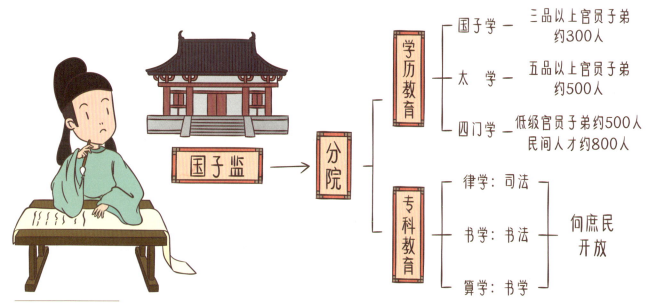

国子监 → 分院

学历教育
- 国子学 — 三品以上官员子弟约300人
- 太学 — 五品以上官员子弟约500人
- 四门学 — 低级官员子弟约500人 民间人才约800人

专科教育
- 律学：司法
- 书学：书法
- 算学：书学

何庶民开放

①赵厚勰，陈竞蓉. 中国教育史教程[M]. 武汉：华中科技大学出版社，2018.
②虫离小僧. 制度——唐代科举和入仕（科举篇）[EB/OL].（2017-06-26）[2019-08-09]. https://mp.weixin.qq.com/s/0B1hw1Y9hzU U4jSiaDyXkg.

如果你没能在国子监读书，又想参加科举考试，就得通过激烈的地方贡举争夺名额。每年人数得根据官职空缺来定，多则五六千，少则千余。

唐朝共有一千多个县治，名额较少时，你所在的州县可能分不到一个名额，就得等来年分到名额了，再来参加地方选拔考试，也就是乡试。如果你幸运地通过了竞争激烈的乡试，就能获得代表地方的资格，在第二年进京赶考。

唐朝科举的难，还体现在其科举录取率为历代最低。唐朝科举考试主要有两科，内容不同，难度亦有分别，如下图所示。

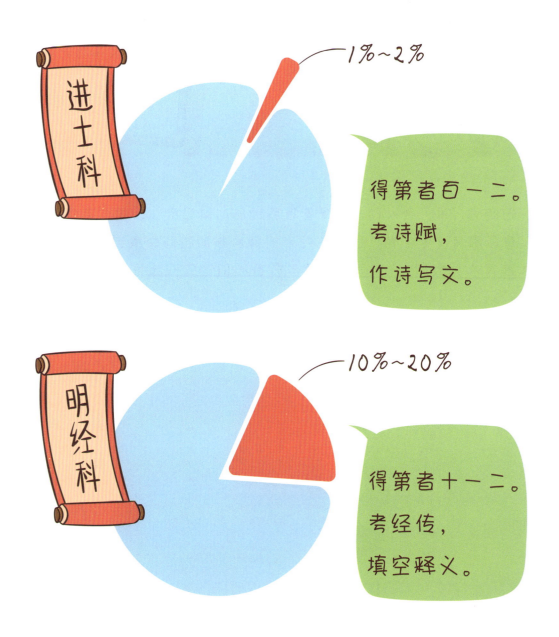

进士科

1%~2%

得第者百一二。
考诗赋，
作诗写文。

明经科

10%~20%

得第者十一二。
考经传，
填空释义。

好不容易挤破了脑袋获得考试资格，最终及第的进士、明经往往只有百余人。所谓"三十老明经，五十少进士"，进士科的竞争要更激烈，及第难度更大。看起来容易些的明经科，踏入仕途后的升迁上限和速度可都比不上进士科。怪不得孟郊在46岁第三次赴京科考，终于考中进士时，兴奋地写下了《登科后》。

登科后

孟郊

昔日龌龊不足夸，
今朝放荡思无涯。
春风得意马蹄疾，
一日看尽长安花。

不过，即使这么难，诗人们还是争先恐后地参加科举考试。据学者统计，北宋王安石编的《唐百家诗选》中有近百分之九十的诗人参加过科举考试，进士及第者有62人，约占入选诗人总数的72%。而《唐诗三百首》的77位入选诗人中，就有46人是进士出身。

Part 4

从低谷到人生巅峰：
打仗打出的
人生赢家——高适

　　唐朝诗人高适在55岁之前过着穷困潦倒的生活，直到55岁那年，"安史之乱"爆发，他抓住机遇，在战场上立下战功，从而成功入仕，官至剑南节度使，封银青光禄大夫、渤海县侯，以火箭般的速度登上人生巅峰，成为唐朝因战功入仕的典范。而唐朝的强盛，也与无数次的战争分不开啊！

　　作为当时世界上最强盛的大国，唐朝有着强大的军事力量，在不到三百年的时间里，几乎年年征战，其战争的次数为历朝之最。

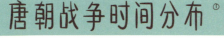

唐朝战争时间分布①

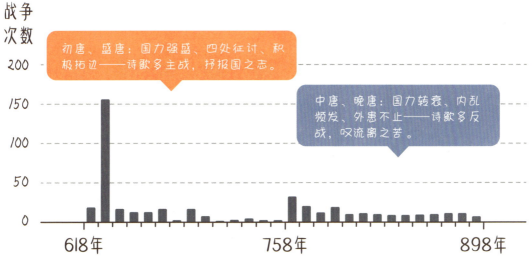

战争
次数

200

150

100

50

初唐、盛唐：国力强盛、四处征讨、积极拓边——诗歌多主战，抒报国之志。

中唐、晚唐：国力转衰、内乱频发、外患不止——诗歌多反战，叹流离之苦。

618年　　　　　758年　　　　　898年

①洪赞. 唐代战争诗研究[M]. 台北：文史哲出版社，1987.

像高适一样曾亲自奔赴边疆参军打仗或是心系战事的诗人也不在少数。《全唐诗》中有300多位诗人写过近3000首战争题材的诗作。

有意思的是，不同时期的诗作对战争有着不同的态度。

唐朝前期国力强盛，打仗多是为了开拓边疆，诗人们写下的诗篇充满了豪情壮志，希望建功报国。

我宁愿做个低级军官为国征战，也比当个白面书生强啊！

About 主战

"宁为百夫长，胜作一书生。"
初唐四杰之一的杨炯作的这首《从军行》描写了士子去边塞打仗的愿望，诗中表示，"我"宁愿做个低级军官为国征战，也不愿意当一个白面书生。

不过，唐朝到了后期，国力衰微，常常是为了平息内忧外患而作战，诗人们的创作多是感叹在战乱生活下的艰辛，抒发和家人别离的苦闷心情。

About 反战

"可怜无定河边骨，犹是春闺梦里人。"（晚唐·陈陶《陇西行四首·其二》）

作为中国古代的四大美女之一，王昭君在古代所带来的话题度远超现在的明星，《全唐诗》中咏怀昭君的诗作就有70多首。

咏怀古迹五首·其三

杜甫

群山万壑赴荆门，
生长明妃尚有村。
一去紫台连朔漠，
独留青冢向黄昏。
画图省识春风面，
环珮空归夜月魂。
千载琵琶作胡语，
分明怨恨曲中论。

不过，唐朝国力这么强大，为什么也要咏怀和亲呢？虽然唐朝国力很强大，但是与周边少数民族政权的交往，也离不开和亲政策。唐朝共有38次和亲，集中发生在初唐和盛唐时期。

唐朝和亲时间分布

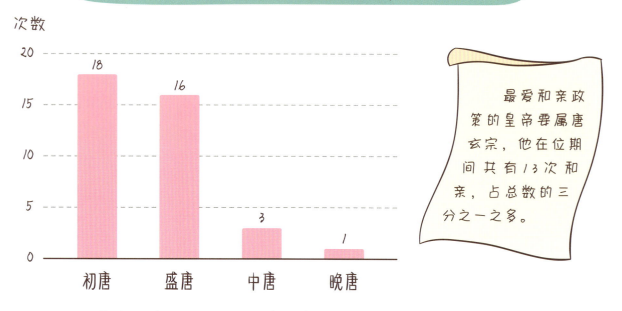

最爱和亲政策的皇帝要属唐玄宗，他在位期间共有13次和亲，占总数的三分之一之多。

不过，这和亲远嫁的"公主"之中，真公主，即君王的亲生女儿，实际上并不占多数，甚至还有男性与其他部族的汗王的女儿联姻的。

唐朝和亲构成

和亲公主之中最多的是宗室女，也就是王爷的女儿，她们临时被"提拔"为公主。

少数和亲公主为世族大家、将军的女儿。唐朝还有两位男性参与了和亲，分别是武则天的侄孙和一位宗室子。

《全唐诗》中200多首和亲题材的诗歌竟很少提及当时的和亲，而更愿意选择借古说今，透过历史来反思现实。所以，昭君啊，你就忍了吧，你的命运就是这样了！你为国家做出了贡献，你的事迹也在激励着后人。

Part 6

韩愈:朝上朝,夕被贬,皇帝信佛为何不慈悲?

被贬?!

公元819年,韩愈认为佛教盛行严重损害了国家和百姓的利益,所以进谏反对迎接佛骨,结果皇上震怒,一气之下将其贬官。

左迁至蓝关示侄孙湘

韩愈

一封朝奏九重天,
夕贬潮州路八千。
欲为圣明除弊事,
肯将衰朽惜残年!
云横秦岭家何在?
雪拥蓝关马不前。
知汝远来应有意,
好收吾骨瘴江边。

佛教当时有多兴盛呢?

唐朝寺院数量

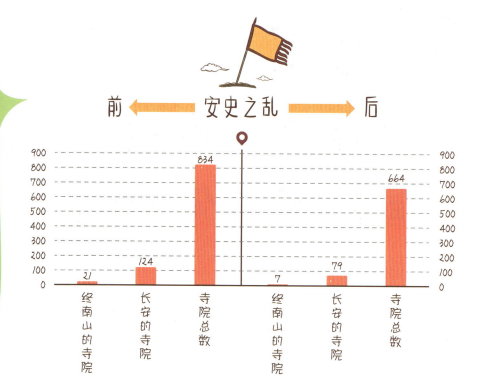

据记载，在"安史之乱"之前，寺院分布最密集的是长安，有124所，约占全国总数的15%。此外，终南山有21所寺院。佛教影响着人们的文化生活，唐诗中关于佛教的描写也有很多。

前 ← 安史之乱 → 后

终南山的寺院 21
长安的寺院 124
寺院总数 834

终南山的寺院 7
长安的寺院 79
寺院总数 664

《全唐诗》中与佛教相关的诗词数量

佛教如此兴盛，吸引大量百姓剃发做了和尚，那么耕种粮食和服兵役的人就少了，这样一来国家的税收也就少了。此外，还存在寺庙侵占大量的土地、很多百姓通过自残的方式表达对佛祖的虔诚等情况，这些都不利于社会安定。

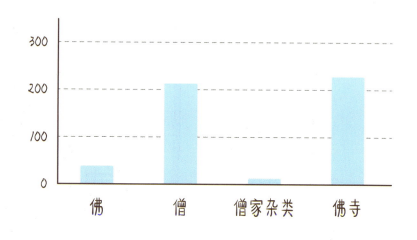

佛　僧　僧家杂类　佛寺

等到后来，朝廷意识到了这个问题的严重性，开始遏制佛教的发展，被勒令还俗的人竟有26万之多，此外被释放出来的供寺院役使的人又有50万以上，没收了良田数千万亩，一亩地差不多相当于咱们现在的666平方米，十亩地就差不多相当于标准足球场大小了，可见佛教的兴盛对国家经济的发展会有多大的影响。所以韩愈才冒着得罪皇上的风险上书反对迎接佛骨，结果却被贬到当时环境恶劣的潮州。

Part 7 杜甫：美食再好，也要看自己的饭量 量力而行！

嗝

《新唐书》中说，杜甫晚年客居耒阳，当地的县令送给他一些牛肉和白酒，杜甫喝得酩酊大醉，当天晚上就死在了耒阳。很多人根据史料推测，杜甫是因为太久没有吃东西，一下子吃了那么多，一时消化不良而去世的。说起来，杜甫应该算是个实打实的吃货，在他的诗作中有很大一部分是与饮食有关的。

百忧集行（节选）

杜甫

忆年十五心尚孩，
健如黄犊走复来。
庭前八月梨枣熟，
一日上树能千回。

《全唐诗》中杜甫写过的与饮食相关的诗词占比

杜甫的诗中，关于饮食的很多字眼被反复提及，虽然杜甫之死与牛肉有关，但看他的诗作，似乎更钟情于鲜嫩美味的鱼。

吃的喝的！   其他

31%   69%

杜甫的诗中食物出现的次数

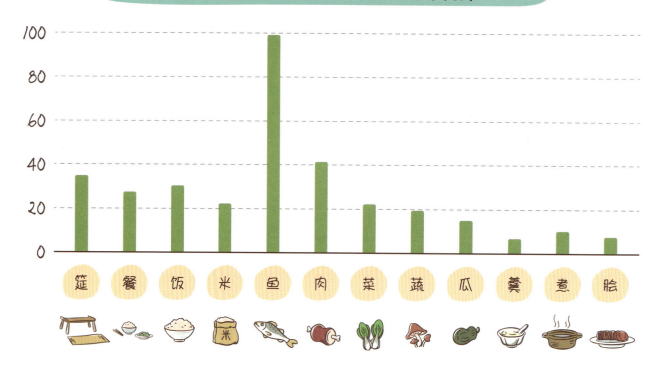

那从《全唐诗》中对唐朝其他食物的描写来看,唐朝人更喜爱什么食物呢?

《全唐诗》蔬菜榜TOP 10

莼菜荣获"唐人最喜爱蔬菜奖"!
这是一种口感特别、鲜美滑嫩的蔬菜,非常值得一试哦。

从数据中我们可以看出,多种排名靠前的蔬菜均产于江南,这或许是因为当时江南文化兴盛,文人喜欢写诗歌咏家乡食物,所以江南的蔬菜在诗歌之中出现得多。

Part 8

李白一斗诗百篇：
唐朝人酒量都这么好？

"李白一斗诗百篇"，李白的酒量有多好啊？唐朝人真的这么能喝酒吗？

饮中八仙歌（节选）
杜甫
李白一斗诗百篇，
长安市上酒家眠。
天子呼来不上船，
自称臣是酒中仙。

天子唤您，您还不理下衣服过来？

一臣乃酒仙，不拘小节。

喝酒还是茶？

唐朝人爱喝酒，也爱写酒，无酒不成诗，酒在《全唐诗》中出现的频次远远超过了茶。想必在唐朝人的日常生活中，酒占据了重要的部分。

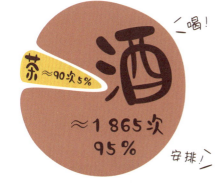

茶 ≈90次 5%

酒 ≈1 865次 95%

喝！

安排！

查证史料可知，唐朝酒器有大斗和小斗两种，一斗折算成现代的单位，大斗约有6 000毫升，小斗约有2 000毫升，李白的酒量在5~12斤之间。但其实唐朝的酒大多度数不高，唐朝的酒的酒精度数只相当于现代的十几度，估计只比啤酒的度数高一点。所以这些诗人动不动就千杯、百杯地喝，这考验的不是他们肝的功能，而是胃的容量。

Part 9

贵妃起得比鸡早？没办法,化妆要花3个半小时啊!

"薄妆桃脸,满面纵横花靥",在唐朝的大都市长安、洛阳等地方,时尚女郎的回头率超高,她们穿着最新发布的时装,脸上也是历经多重工序,她们化妆的烦琐、精细程度较当今的女子可是有过之而无不及。为了化出精致的妆容,唐朝女子,上至贵妃,下至民妇,都严格遵循着化妆七步法。

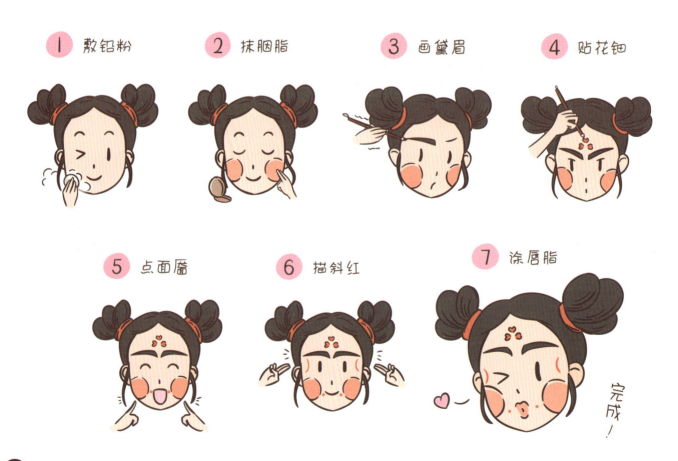

1 敷铅粉   2 抹胭脂   3 画黛眉   4 贴花钿

5 点面靥   6 描斜红   7 涂唇脂

完成!

原来"天生丽质难自弃"的美貌也需要神乎其神的化妆术才能让"六宫粉黛无颜色"。这么烦琐、复杂的化妆步骤，就连杨贵妃都得感叹："每天这么个化法儿，不花一两个时辰怎么行？我得起得比鸡还早啊！"

让我们一起来看看唐诗中还有哪些复杂的妆容吧！

眉妆

一日新妆抛旧样，六宫争画黑烟眉。——徐凝《宫中曲二首》

妆靥

醉圆双媚靥，波溢两明瞳。——元稹《春六十韵》

斜红

一抹浓红傍脸斜，妆成不语独攀花。——罗虬《比红儿诗》

脂粉

玉面耶溪女，青娥红粉妆。——李白《浣纱石上女》

额黄

片片行云著蝉鬓，纤纤初月上鸦黄。——卢照邻《长安古意》

花钿

炉面试香添麝炷，舌头轻点贴金钿。——赵光远《咏手二首》

除了化妆，唐朝女子还钟爱张扬个性的各类时装。他们的服饰不仅色彩亮丽，而且款式丰富多样，是中国服饰文化发展史上极其耀眼的篇章。

胡服·外来民族服饰 ▼

·窄袖口、翻圆领、对襟是唐朝胡服所具备的主要特征，而且在衣服的各个细微部位，通常都镶有各种颜色的锦边以作为装饰和点缀。
·石国胡儿人见少，蹲舞尊前急如鸟。织成蕃帽虚顶尖，细氈（dié）胡衫双袖小。——唐·刘言史《王中丞宅夜观舞胡腾》

▲ 襦裙·主要服饰

·上身为短衫，下身为长裙。多数时候搭配披帛，同时肩膀半露，脚穿草履或足登凤头，出门时头戴帷帽。
·坐时衣带萦纤草，行即裙裾扫落梅。
——唐·孟浩然《春情》

▲ 女着男装·冲击传统的着装

·第一种是戎装，为头上戴"乌纱帽"，身穿翻领或圆领直腰身过膝外套，系踝跌带于腰间，下身穿收口小脚裤，脚上穿皮靴或者是软底透空锦轴履。
·第二种是半臂，为中袖短身上衣。

衣服材质数量

如图所示，《全唐诗》中描写衣服材质的诗词中以描写丝、罗材质的居多，主要是因为唐朝女子的主要服饰就是以这两种材质为主制成的襦裙。

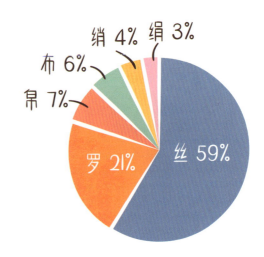

绡 4%　绢 3%
布 6%
帛 7%
罗 21%　丝 59%

Part 10

王维：我到底从小学啥乐器才能中状元？

相传于公元721年，王维在玉真公主府上用琵琶弹了一曲《郁轮袍》，技惊四座，公主非常赞赏，这才看了王维的诗。之后，公主说，这样有才华的人不当状元，谁还能当状元呢？凭借公主的垂青，王维当年果然高中状元。

中国有重视音乐的传统，乐器在唐诗中也是经常出现。

《全唐诗》中出现的乐器排行榜

大家更加熟悉琵琶，琴在《全唐诗》中出现的次数却高居榜首，其原因为：

🎸琴本身意喻高雅，契合文人气质。

🎸琴声低沉，诗人偏爱借琴声抒怀，表达忧思。

🎸有可能是在很多诗中，琴代指了很多拨弦乐器。不过，诗人们再怎么钟情于琴，要论当状元还是学琵琶管用呀!

Part 11

李白：天下最伤心的地方是哪里？

不是忘川河，而是送别亭

大诗人，这回该给我们写了吧？

不，还没轮到你们！

"天下伤心处，劳劳送客亭"，南京城西南的劳劳亭，是古时送别之所。无数人在这里送别亲人、朋友，所以大诗人李白才说这里是全天下最令人伤心的地方。

劳劳亭
李白
天下伤心处，
劳劳送客亭。
春风知别苦，
不遣柳条青。

《全唐诗》中出现的建筑排行榜

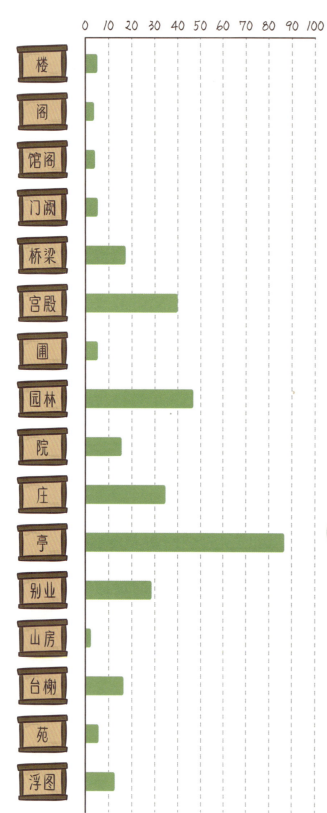

楼
阁
馆阁
门阙
桥梁
宫殿
囿
园林
院
庄
亭
别业
山房
台榭
苑
浮图

0 10 20 30 40 50 60 70 80 90 100

我们统计后发现，唐诗中出现率最高的建筑是"亭"。

在古代，小小的亭子具有驿馆的功能，是送别行人的最佳场所。

亭不仅是饯别的地点，也是饯别活动的见证者和参与者。

这种具有驿馆的功能的亭一般在路旁或水边，在这样的情况下，更容易使人产生离别的伤感和孤寂之情。

Part 12

孟浩然：
春运是啥？
我只听过重阳运……

唐朝人十分重视重阳，《全唐诗》中提及最多的节日就是重阳。比如孟浩然一到重阳日就急着和亲朋好友团圆登高，共饮菊花酒，还写出了"待到重阳日，还来就菊花"这样的千古名句。

过故人庄
孟浩然
故人具鸡黍，
邀我至田家。
绿树村边合，
青山郭外斜。
开轩面场圃，
把酒话桑麻。
待到重阳日，
还来就菊花。

元日 **No.3!** 204

人日 70

上元 99

社日 18

上巳 82

清明 72

寒食 **No.2!** 294

端午 28

七夕 110

中元 29

中秋 203

重阳 **No.1!** 380

除夕 94

佛日 2

《全唐诗》中与唐朝节日相关的诗词数量

寒食节、元日也是唐朝诗人创作的热点。

重阳和寒食正处在伤春悲秋的时节，诗人更容易感叹时间流逝。重阳时节，诗人与亲朋好友团圆登高以诗助兴，若远游不得团圆，则借诗感怀。而寒食节则是人们出门踏青、宴饮的好时候，适宜三五好友结伴出行，赋诗唱和。

唐朝诗人对重阳最为看重！

看来对于唐朝人来说，"春运"算啥？重阳的时候可是比春节更着急回家团圆哟。接下来，让我们一起从唐诗中来感受唐朝的节日气氛吧！

元日

正月初一

田家元日

孟浩然

昨夜斗回北，
今朝岁起东。
我年已强仕，
无禄尚忧农。
桑野就耕父，
荷锄随牧童。
田家占气候，
共说此年丰。

上元

正月十五

正月十五夜

苏味道

火树银花合，
星桥铁锁开。
暗尘随马去，
明月逐人来。
游伎皆秾李，
行歌尽落梅。
金吾不禁夜，
玉漏莫相催。

上巳

二月初三

上巳

崔颢

巳日帝城春，
倾都祓禊晨。
停车须傍水，
奏乐要惊尘。
弱柳障行骑，
浮桥拥看人。
犹言日尚早，
更向九龙津。

寒食
清明

四月初

清明

杜牧

清明时节雨纷纷，
路上行人欲断魂。
借问酒家何处有，
牧童遥指杏花村。

端午

五月初五

竞渡诗

卢肇

石溪久住思端午，
馆驿楼前看发机。
鼙鼓动时雷隐隐，
兽头凌处雪微微。
冲波突出人齐谳，
跃浪争先鸟退飞。
何道是龙刚不信，
果然夺得锦标归。

七夕

七月初七

乞巧

林杰

七夕今宵看碧霄，
牵牛织女渡河桥。
家家乞巧望秋月，
穿尽红丝几万条。

中秋

八月十五

中秋月二首　李峤

盈缺青冥外，
东风万古吹。
何人种丹桂，
不长出轮枝。

圆魄上寒空，
皆言四海同。
安知千里外，
不有雨兼风。

重阳

九月初九

九月九日忆山东兄弟　王维

独在异乡为异客，
每逢佳节倍思亲。
遥知兄弟登高处，
遍插茱萸少一人。

除夕

腊月三十

岳州守岁二首　张说

夜风吹醉舞，
庭户对甜歌。
愁逐前年少，
欢迎今岁多。

桃枝堪辟恶，
爆竹好惊眠。
歌舞留今夕，
犹言惜旧年。

Part 13

白居易：当个"长漂"不容易，还是举家去江南

当年，16岁的白居易来到长安，拿着自己的诗作拜谒顾况。当顾况看到他的名字时调侃道：长安米贵，居住不大容易。但当他看到"野火烧不尽，春风吹又生"的诗句时，马上赞叹：文采若此，居长安就比较容易了。不过，"长漂"可不是那么容易当的，终其一生，白居易更念念不忘的是江南，在他因病卸任回到洛阳养老后，还写下了《忆江南》。

忆江南
白居易

江南好，
风景旧曾谙。
日出江花红胜火，
春来江水绿如蓝。
能不忆江南？

No.1! 江南   No.2! 长安   No.3! 南山

唐诗中的地名TOP 99 云图

可以看出，"江南"对诗人们的吸引力还是略胜一筹哇！笔者认为主要原因有以下三点：

🏔 自古江南就是富庶之地，因隋朝开凿京杭大运河等一系列契机，使江南地区的经济在唐朝更进一步发展，给文学的发展提供了坚实的物质基础，使这个地区涌现出了一批有知识、有文化的诗人，这些诗人自然会对自己的家乡多有赞美之词。

🏔 唐代交通较为便利，许多诗人有全国游历的经历，或为了增长见识，或为了遣兴怡情，或因为出仕贬谪等原因来到江南。江南最著名的就是其秀丽的山水美景，来到江南的诗人有感于江南不同于自己家乡的风物、人情，诗兴大发，因此在其诗歌中多有展现。

🏔 自然景观的秀丽、人文气质的恬淡，也使江南在世人的心目中有着一些隐逸出尘的意味，受到了一些向往和谐、安宁和悠闲自得的山水田园生活的诗人的推崇[1][2]。

不过，长安作为唐朝的都城，是人类历史上第一座人口超过100万的城市，吸引着年轻人纷纷来当"长漂"，求取功名。《全唐诗》中共有长安诗1139首，创作长安诗的主要诗人有将近20位之多[3]，见下表：

初唐	盛唐	中晚唐
李世民	王维	卢纶
王勃	李白	韩翃
杨炯	杜甫	刘长卿
卢照邻	崔颢	韦应物
骆宾王		韩愈
沈佺期		白居易
宋之问		李商隐
		杜牧

①左鹏. 论唐诗中的江南意象[J]. 江汉论坛, 2004(3): 95-98.
②葛永海. 历史追忆与现世沉迷：唐诗中的金陵与广陵——以江南城市文化圈为研究视阈[J]. 浙江社会科学, 2009(2): 106-112.
③袁姝婧. 唐代"长安诗"研究[D]. 哈尔滨：黑龙江大学, 2012.

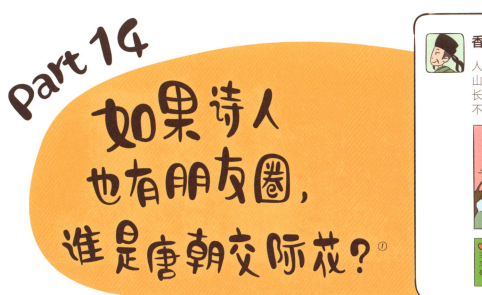

Part 14
如果诗人也有朋友圈，谁是唐朝交际花？①

香山居士

人间四月芳菲尽，
山寺桃花始盛开。
长恨春归无觅处，
不知转入此中来。

❤ 元稹，刘禹锡，李白，王仲舒，牛僧孺，裴度，段文昌，张籍，王播，韩愈，崔玄亮，庚敬休，崔日知……

　　如果唐朝诗人也有朋友圈，那么谁和谁的关系好呢？我们可以从诗人之间相互引用对方的诗词和相互写诗的角度来一窥究竟，"互写"诗歌数量在前十名的好朋友见下表：

关系最密切的诗人 TOP 10

排名	作者	被写者	次数
1	陆龟蒙	皮日休	203
2	白居易	元稹	176
3	刘禹锡	白居易	127
4	皮日休	陆龟蒙	125
5	白居易	刘禹锡	91
6	元稹	白居易	88
并列7	韩愈	孟郊	22
并列7	沈佺期	宋之问	22
并列7	白居易	崔玄亮	22
10	白居易	李逢吉	21

①本节数据统计文本来自：周勋初，傅璇琮，郁贤皓，等. 全唐五代诗[M]. 西安：陕西人民出版社，2014. 诗人别称的筛查及年代划分参考哈佛大学编纂的《中国历代人物专辑资料库》（*China Biographical Database Project*，以下简称 CBDB）数据库；诗人之间引用关系的统计方法参考公众号"前进日志(mrqianjinsi)"中前进四先生的《计算机告诉你，唐朝诗人之间的关系到底是什么样的？》。

从《全唐诗》来看，关系最好的一对朋友应该要数史称"皮陆"的陆龟蒙和皮日休了。陆龟蒙给皮日休写了203首诗，而皮日休也给陆龟蒙写了125首，这两位往来唱和的诗作还被他们编成了中国文学史上的第一本唱和诗集：《松陵集》。

陆龟蒙 ——203首→ 皮日休
←125首——

白居易 ——91首→ 刘禹锡
←127首——

排名第二、第三的则是白居易和元稹、刘禹锡和白居易。白居易和刘禹锡的人生道路有很多相似之处，他们是同年（公元772年）出生，从政道路同样并非一帆风顺，他们都遭遇过贬谪。两人又都很长寿，刘禹锡71岁时去世，白居易则活到了74岁。相似的人生经历和同样令人羡慕的才华使他们惺惺相惜，相互赠送了许多脍炙人口的诗篇。而白居易和元稹自不用说，他们二人之间的友谊也有文学史上的认证，被合称为"元白"。

元稹 ——88首→ 白居易
←176首——

此外，唐朝诗人的两个最大型朋友圈是：杜甫—李白朋友圈、白居易朋友圈。下图展现了这两个朋友圈互相写诗超过3次以上的人物关系图！从引用关系来看，李白和杜甫都分别与超过10位以上的朋友有过互相赠和"诗歌"的友好往来。

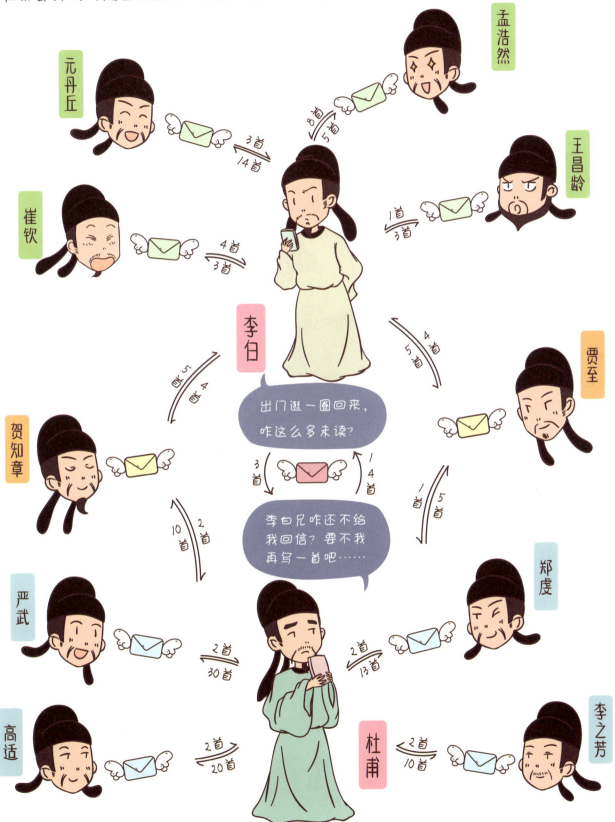

白居易绝对是唐朝诗人朋友圈中的明星，他一生中为91位诗人写过诗，其中53位都超过了一首哦！也有44位诗人向他赠过诗，其中12位都超过一首！！

按时代来分，初唐诗人中关系最好的是宋之问和沈佺期。这两位诗人都是皇帝的侍从，官位较高，对诗歌的发展起到了重要作用，是初唐时期宫廷诗人的代表，在文学史上合称为"沈宋"。他们最大的功绩是一起促进了七言律诗的成立，他们的倡始号召之功，似较他们的创作更为重要①，他们俩创作的诗歌也被合称为"沈宋体"②③。

盛唐诗人的核心自然是刚刚提到过的李白和杜甫了。不过，这两位大诗人之间的互动其实并不算多，杜甫写给李白的诗歌有十多首，而李白写给杜甫的诗歌只有区区3首。不过，考虑到李白比杜甫年龄大很多，成名也早很多，又喜欢到处游历，不好找到踪迹，杜甫对李白一定有着很多的崇敬与仰慕之情，写的诗多一点似乎也可以理解。

①郑振铎. 插图本中国文学史[M]. 北京：中华书局，2016.
②杜晓勤. 从永明体到沈宋体[J]. 唐研究，1996(2)：121－166.
③郑振铎. 插图本中国文学史[M]. 北京：中华书局，2016.

中唐时期，很明显可以看出各位诗人紧紧地团结在以白居易、元稹、刘禹锡为核心的文坛政治圈周围，这几位诗人的关系我们刚刚也谈到了，他们一起发动了新乐府运动，提出文章应该为时事而著作，诗歌应该为现实而创作，要通俗易懂，贴近生活，要惩罚现实生活中丑陋与邪恶的事物，宣扬美好与善良的事物。他们为唐诗从浪漫主义向现实主义的伟大转折做出了历史性贡献[1][2]。

晚唐时期，国力日渐衰弱，国家动荡不安，这个时期的诗人、诗作出现得并不多，诗人的社交圈也较为杂乱，其中最重要的就是我们刚刚提到的陆龟蒙和皮日休了。

①陈才智. 元白诗派研究[M]. 北京：社会科学文献出版社, 2007.
②陈才智. 刘禹锡与元白诗派的离合[J]. 岭南学报, 2017(1): 9.

总结

　　同学们，大数据中唐代的诗歌、人文与历史、地理交汇，是不是让你看到了一个不一样的唐朝，有一种对唐诗不一样的解读呢？当今世界，大数据与人文学科相结合的研究已经开启了人类获取知识的一次重大的时代转型。在语文学习中，引入丰富多彩的信息和生动活泼的界面，一定能够开拓你的视野，提高你的文化素养。衷心希望同学们能够通过这本书的"大数据"知识，对唐朝的文学、历史、地理、政治等能有更加深刻的了解，从而更好地感知这样一个诗歌的国度，这样一个伟大的时代！